LA MORT DU CAPITAINE COOK,

A SON TROISIEME VOYAGE AU NOUVEAU MONDE.

PANTOMIME EN QUATRE ACTES;

Par M. ARNOULD.

REPRÉSENTÉE, pour la première fois sur le Théâtre de l'Ambigu-Comique, au mois d'Octobre 1788.

PRIX douze sols.

A PARIS,
Chez LAGRANGE, Libraire, rue St.-Honoré, vis-à-vis le Lycée.

M. DCC. LXXXVIII.

AVERTISSEMENT.

ON s'eſt propoſé d'amener ſur la ſcène un ſpectacle vraiment neuf & ſingulier, & qui offrît en même-tems quelqu'intérêt. La mort tragique du Capitaine Cook, aſſaſſiné par des Inſulaires qu'il combloit de bienfaits, a paru réunir tous ces avantages. On a tâché que ce célèbre Marin ſe montrât d'une manière digne de lui, autant que le permettoient les bornes qu'on a dû néceſſairement ſe preſcrire ; & l'on ſent bien que les convenances Théâtrales ne nous ont pas toujours permis de ſuivre la vérité à la rigueur. Nous l'avons rendue le mieux qu'il nous a été poſſible, dans le coſtume, les mœurs, les danſes des Sauvages de la mer du Sud. Quant au grand homme dont nous avons fait notre principal héros, ſon nom eſt aſſez fameux dans toute l'Europe : il ſeroit inutile & déplacé de parler ici de la gloire dont il s'eſt couvert.

PERSONNAGES.

LE CAPITAINE COOK.

OFFICIERS ANGLOIS.

LE ROI DE L'ISLE.

OKI, *Chef de Guerriers,* } *amoureux d'Emaï.*
ÉTOÉ, *autre Chef,* }

ÉMAÏ, *parente du Roi.*

UN PRÊTRE.

LE PLEUREUR.

SOLDATS ET MATELOTS ANGLOIS.

INSULAIRES du parti du Roi.

INSULAIRES du parti d'Étoé.

FEMMES ET FILLES de l'Isle.

La Scène est dans l'Isle d'O-Why-e.

LA MORT DU CAPITAINE COOK.

ACTE PREMIER.

Le Théâtre représente un paysage agréable; on apperçoit, de distance en distance, quelques huttes de Sauvages. Dans le fond, & sur la droite, une haute montagne, appellée montagne brûlante.

SCENE PREMIERE.

EMAÏ sort de sa cabane, & va chercher des fleurs pour orner ses cheveux, & se faire une guirlande; elle s'éloigne peu-à-peu, & on la perd de vue.

SCENE II.

La haie qui ferme l'entrée de la hutte *d'Oki*, s'entr'ouvre & *Oki* sort de sa hutte, tenant quelques rangs de coquillages de différentes couleurs, dont il veut faire présent à *Emai*; il s'approche de sa cabane, en se réjouissant d'avance de l'agréable surprise qu'il va lui causer.

SCENE III.

Il n'en est plus qu'à quelques pas lorsqu'*Etoé* le saisit brusquement par le bras & l'arrête. Dispute vive entre les deux rivaux; ils sont prêts à se battre.

SCENE IV.

Au bruit qu'ils font, *Emaï* accourt, & leur impose silence. Elle leur ordonne de faire la paix; ils se donnent la main & se réconcilient. *Emaï* leur dit que, lorsqu'il en sera tems, elle déclarera sur lequel des deux doit tomber son choix; & se retire dans sa cabane, après avoir jetté un regard tendre sur *Oki* & un d'indifférence sur *Etoé*.

SCENE V.

Les deux Amants se réjouissent, & se

flattent, chacun en particulier, d'avoir la préférence. Ils conviennent de ſe rendre, à la manière accoutumée, à la porte de la cabane d'*Emaï*, afin de ſavoir tout de ſuite ſur lequel des deux doit tomber ſon choix; après quoi ils rentrent dans leur hutte.

SCENE VI.

Emaï avance la tête hors de ſa cabane, & cherche à découvrir ce que ſont devenus ſes deux Amants; mais ne les appercevant plus, elle ſe doute de leur deſſein, & rentre promptement dans ſa hutte.

SCENE VII.

Oki & *Etoé* ſortent tous deux de la leur, chacun *une grande & belle coquille à la main*; ils s'approchent enſemble & à petit bruit de la cabane d'*Emaï*.

SCENE VIII.

Une troupe de jeunes filles paroît dans le fond, & les examine en ſouriant.

Arrivés près de la cabane d'*Emaï*, les deux Sauvages s'arrêtent, font chacun, & enſemble, trois ſauts devant la porte de la hutte, & se retirent à pas précipités, à une certaine distance.

SCENE IX.

Emaï sort de sa cabane, & vient gravement se placer entre ses deux Amants; ils se mettent tous deux à genoux, s'asseyent sur leurs talons, & présentent à *Emaï leur coquille*. Après avoir jetté un coup-d'œil d'indifférence sur *Etoé*, & après avoir regardé tendrement *Oki*, elle *enlève la coquille des mains de ce dernier*, & s'enfuit précipitamment dans sa cabane.

SCENE X.

Etoé furieux, jette au loin *sa coquille* & se retire déseſpéré.

SCENE XI.

Oki, au comble de ses vœux, se félicite de son bonheur, & va pour entrer dans la cabane d'*Emaï*.

Les jeunes filles accourent aussi-tôt, & lui en défendent l'entrée; il fait de vains efforts pour s'en débarrasser, lorsqu'*Emaï* profite du moment où ses Compagnes ont éloigné *Oki*, pour fortir de fa cabane, & s'échapper en riant. *Oki*, qui s'en apperçoit, court après elle, & les jeunes filles infulaires le fuivent en fautant & en gambadant.

SCENE XII.

Etoé feul. Il eft plongé dans une rêverie profonde. Tout-à-coup il en fort pour laiffer librement s'exhaler fa colère; furieux de la préférence qu'a obtenue fon rival, il fe promet fecrettement d'en tirer bientôt vengeance.

Le bruit d'une gaieté folle qu'on entend au loin annonce l'arrivée de la noce d'*Oki* & d'*Emai*. Pour n'être point apperçu, il rentre promptement dans fa cabane.

SCENE XIII.

Quatre Sauvages apportent un tronc d'arbre, qu'ils couvrent d'une peau de *chien*, c'eft l'autel fur lequel on doit célébrer le mariage.

Une troupe de jeunes Sauvages *à demi-nuds, les cheveux flottants, bouclés & peints de différentes couleurs, la tête chargée de grains de verre, de plumes rouges & de très-beaux coquillages*, viennent deux à deux & en danfant, fe ranger en file fur un des côtés.

Ils ſont ſuivis de pluſieurs jeunes filles, qui ſont auſſi preſque nues, les cheveux & la tête ornés *d'une corbeille de verdure remplie de fleurs*. Elles ſe rangent ſur une ligne, vis-à-vis des jeunes garçons.

Quatre Sauvages, précédés de deux autres, *jouant, l'un de la cornemuſe*, & *l'autre d'un tambour fait d'un tronc d'arbre*, portent ſur leurs épaules *Oki*, aſſis ſur un brancard compoſé de branchages & garni de verdure.

Ils ſont ſuivis de quatre autres portant de même *Emaï*, à la ſuite de laquelle eſt un *vieux Prêtre* du pays.

Les Guerriers ſans armes, terminent la marche, & ſe rangent en demi-cercle dans le fond.

Les Sauvages qui portent *Oki* s'arrêtent au côté droit de l'autel, & ceux qui portent *Emaï* au côté gauche.

Le Prêtre eſt derrière l'autel; il étend les bras, les lève enſuite vers le ciel, & fait trois ſauts en les baiſſant & les élevant alternativement.

A ce ſignal, les jeunes Danſeurs enveloppent les quatre Sauvages qui portent *Oki*; les Danſeuſes, ceux qui portent *Emaï*, & on les poſe doucement à terre.

Emai & *Oki* fe tiennent debout aux deux côtés de l'autel; ils prennent chacun une guirlande verte qui pend aux deux côtés, & la tiennent à la main pendant le refte de la cérémonie.

Les Sauvages, hommes & femmes, s'affeyent fur leurs talons, la tête appuyée fur les deux mains, & les bras fur les genoux. Ils prennent part en filence au divertiffement que forment en cet inftant les habitants de l'Ifle.

Le divertiffement fini, le Prêtre s'avance, fe place entre *Oki* & *Emaï*, & leur préfente une baguette blanche, qu'ils prennent chacun par un bout.

SCENE XIV.

Ils la brifent en figne d'acceptation de part & d'autre, lorfqu'*Etoé*, une hache & un poignard à la main, fort de fa hutte, & fait fufpendre la cérémonie, en défiant fon rival au combat. *Il lui tire la langue*, comme ils ont coutume de le faire dans ces occafions, *tort la bouche, & fait toutes fortes de geftes menaçants.*

Oki s'avance fièrement, va chercher fes armes, fait à fon ennemi les mêmes grimaces, & fond tout-à-coup sur lui. Ils se battent d'abord à la hache, & finissent par une lutte, dans laquelle *Etoé* succombe & est terrassé. *Oki* est sur le point de le poignarder, lorsqu'*Emaï* accourt, lui retient le bras, & dit à *Etoé* de se retirer; celui-ci sort furieux.

SCENE XV.

Pendant la lutte le ciel s'est obscurci par degrés, & une épaisse fumée est sortie de tems-en-tems du sommet de la montagne; la lutte finie, le tonnerre gronde, & les Sauvages paroissent consternés.

On entend au loin quelques coups de canon, signal de détresse que donne un vaisseau. Les Sauvages étonnés jettent les yeux du côté de la mer, & courent tous, les bras levés, vers le rivage.

Fin du premier Acte.

ACTE II.

Le Théâtre représente une plage entourée d'arbres étrangers. La Mer est dans le fond.

SCENE PREMIERE.

Les Insulaires, qui étoient accourus sur le rivage, au bruit qu'ils ont entendu, reviennent précipitamment sur leurs pas, & disparoissent en donnant des marques d'étonnement & de frayeur.

SCENE II.

On apperçoit sur un des côtés, un vaisseau Anglois. Le Capitaine *Cook* paroît, & regarde au loin avec une lunette; l'instant d'après il prend un pavillon blanc, qu'il agite, pour le faire remarquer.

SCENE III.

Les Insulaires, suivis de quelques Guerriers armés de lances & de haches, accompagnés de leur Roi, *tenant en main un ra-*

meau verd, viennent en marche réglée, ſe placer ſur un des côtés, vis-à-vis de la frégatte.

Le Roi s'aſſied *ſur un tabouret de bois*, porté par deux Inſulaires, & les Guerriers ſe rangent autour de lui.

SCENE IV.

Une marche militaire annonce de loin l'arrivée des Anglois.

Le Capitaine paroît, précédé d'un détachement de Soldats de marine, commandé par deux Officiers. Arrivé en face du Prince, *Cook* fait flotter le pavillon blanc qu'il a entre les mains, & le Prince ſe lève, en agitant le rameau verd qu'il a entre les ſiennes. Il ordonne enſuite à ſes guerriers de poſer leurs armes : le Capitaine ordonne aux ſiens d'en faire autant. Alors le Prince s'avance & *embraſſe Cook en appuyant ſon nez ſur le ſien, & en lui frappant dans les mains, en ſigne de paix.*

Le Capitaine fait avancer quatre Matelots portant deux malles remplies de différens effets. Tous les Inſulaires font un mouvement de joie.

Le Capitaine fait préſent au Prince d'une *médaille* & d'un *panache de plumes rouges* ; il donne enſuite aux Guerriers des *haches*, & aux autres Inſulaires des *cloux*, des *couteaux*, &c. Les Inſulaires témoignent une joie extrême de poſſéder ces différens objets, & ſortent tous, excepté le Prince, en les examinant avec le plus grand plaiſir.

SCENE V.

Les filles des Inſulaires arrivent en foule & ſe précipitent ſur la malle. Le Prince s'avance & leur ordonne de ſe retirer. Elles s'éloignent en formant un demi-cercle.

Le Capitaine leur fait diſtribuer, à l'une un *miroir* dans lequel elle ſe contemple avec ſatisfaction; aux autres des *colliers de verre*, des *plumes*, des *couteaux*, &c. après quoi elles s'avancent de chaque côté, ſur deux lignes, pour examiner plus à leur aiſe, les préſents qu'on leur a faits.

SCENE VI.

Les Inſulaires reviennent gaiement chargés de différens fruits, comme *Bananes*, *noix de Cocos*, &c. Ils en font d'abord hommage au Capitaine, qui, après en avoir accepté une partie, leur permet ensuite de distribuer le reste aux gens de l'équipage qui sont avec lui.

Le Prince se fait apporter une pièce d'étoffe, faite d'écorce d'arbre, moitié rouge, moitié blanche, dont il enveloppe le Capitaine, en lui prodiguant les démonstrations de l'amitié la plus vive.

Il ordonne ensuite à deux Insulaires de porter son *tabouret* sur un des cotés, au-devant de la Scène; il prend par la main le Capitaine & l'engage à s'y asseoir auprès de lui. Les Insulaires se mêlent ensuite avec les Anglois auxquels ils témoignent beaucoup d'amitié, & se rangent, pêle-mêle, du côté du Prince & du Capitaine, pour prendre part à *l'Heiva* (fête) qui va se donner.

Le Prince fait un signal, & seize Danseurs & Danseuses, deux Musiciens, dont l'un porte un tambour & l'autre *une flûte dont il joue avec le nez*, paroissent en attitude devant lui.

Les Danseurs & Danseuses forment un divertissement à la mode du pays; *ces danses sont très-vives; ils remuent les pieds avec une agilité surprenante. Les Danseuses montrent*

trent beaucoup de grâce & de dextérité dans le mouvement de leurs mains & de leurs [illegible] qu'elles font claquer en suivant [illegible] du tambour. Un Chanteur d'[illegible] [illegible] accompagnent par des éclats de voix, et par [illegible] battement de mains.

Le Divertissement fini, le Prince se lève, & donne la main au Capitaine, qui l'invite, ainsi que sa suite, à venir se rafraîchir sur son bord. Le Prince y consent. Les jeunes filles des Insulaires les accompagnent en faisant de tendres agaceries aux Soldats & aux Matelots; elles y sont excitées par les Guerriers, qui n'osent les suivre, parce qu'ils craignent de se livrer aux Anglois.

SCENE VII.

Les Guerriers reprennent leurs armes & se retirent en témoignant de l'inquiétude de voir leur Prince entre les mains des étrangers.

Fin du second Acte.

ACTE III.

Même décoration qu'au second Acte.

SCENE PREMIERE.

On entend au loin, fur le vaiffeau, une mufique militaire célébrer le retour du Capitaine, & l'arrivée du Roi de l'Ifle; cette mufique calme le chagrin des Guerriers, qui reviennent fur leurs pas, & écoutent avec beaucoup de plaifir des fons qui leur étoient inconnus.

SCENE II.

Le Capitaine paroît fur le tillac, tenant par la main le Roi qui fe montre très-fatisfait de la réception qu'on lui a faite.

Les Guerriers, au comble de la joie, de revoir leur Souverain, font figne aux Anglois qu'ils vont bientôt les rejoindre, & fortent tous en foule par le côté oppofé.

SCENE III.

Le Roi & le Capitaine fe retirent, ils font

bientôt remplacés par quelques jeunes filles, accompagnées de Matelots qui boivent & mangent ensemble familièrement.

SCENE IV.

Plusieurs Pirogues (Canots) chargées d'Insulaires portant différens fruits, quittent le rivage & prennent la route du vaisseau. Ils forcent de rames, à l'invitation des filles des Insulaires & des Matelots qui les appellent. Arrivés près du vaisseau, les Insulaires montrent aux Anglois les fruits & les volailles qu'ils leur apportent. Peu-à-peu on les perd de vue.

SCENE V.

Les femmes insulaires, tenant chacune un Matelot ou un Soldat de marine par la main, traversent gaiement la plage en donnant mille témoignages d'amitié à leurs amants.

Le Prince & le Capitaine, se tenant tous deux par la main, les suivent de près.

Quelques Officiers & Soldats Anglois terminent la marche.

On voit bientôt après repasser les Canots qui retournent au rivage.

SCENE VI.

Etoé, l'air ſombre & rêveur, cherche à ſe dérober à la joie générale. Des projets de vengeance l'occupent tout entier.

SCENE VII.

Quatre Guerriers, de ſes camarades, viennent & lui demandent le ſujet de ſa triſteſſe. Il les en inſtruit, & finit par leur demander leur ſecours pour la vengeance qu'il médite; ſes camarades promettent de l'aider de tout leur pouvoir. Il les fait cacher dans différens endroits, & leur demande d'être prêts au premier ſignal; après quoi il ſe retire & va ſe mettre en embuſcade.

SCENE VIII.

Emai, *un miroir* à la main, & tenant de l'autre *un collier de verre*, que lui a donné le Capitaine, court tranſportée de joie, du côté de ſa cabane. *Oki* la ſuit de près & la retient. Il l'engage à s'aſſeoir; elle y conſent & ſe regarde avec complaiſance dans ſon miroir. *Oki* lui attache ſon collier, & ajuſte les fleurs qui ſont dans ſes cheveux : enchanté de plus-en-plus de son épouse, il lui prodigue de tendres caresses; elle y répond avec une franchise & une liberté naturelles à ces insulaires.

SCENE IX.

Etoe paroît, *Oli* l'apperçoit & se lève pour aller à lui. *Etoe* ne lui en donne pas le tems.

Au signal qu'il fait, ses quatre camarades sortent de l'endroit où ils s'étoient cachés, & se jettent sur *Oli*, qu'ils entraînent malgré sa résistance.

Pendant ce tems, *Etoe* se saisit d'*Emai*, & veut l'emmener d'un autre côté. Elle employe tous ses efforts pour se débarrasser de son ravisseur; mais enfin elle est sur le point d'être obligée de céder; elle tombe.

SCENE X.

Cook paroît. Indigné de la violence qu'employe l'Insulaire contre cette femme, il lui ordonne de la laisser en liberté. L'Insulaire refuse de lui obéir, & menace de la poignarder à ses yeux. A l'instant le Capitaine lui faisit le bras, le désarme & s'empare d'Emaï. Etoé furieux, & n'écoutant que sa rage, se précipite sur le Capitaine qu'il cherche à frapper de sa hache. Le Capitaine fait promptement passer Emaï de droite à gauche; met le sabre à la main, & se garantit des coups redoublés que lui porte son adversaire. Enfin il lui fait tomber la hache des mains, & le met hors de combat. Emaï tombe aux genoux du Capitaine.

SCENE XI.

Les quatre Guerriers viennent au secours de leur camarade, & entourent le Capitaine qui se défend avec une nouvelle vigueur, sans abandonner l'infortunée dont il embrasse la défense: sa fermeté & sa valeur en imposent tellement à ses ennemis, qu'il parvient à les mettre tous en fuite.

SCENE XII.

Ils sont à peine partis, qu'Oki, que les ravisseurs ont abandonné pour voler au secours de leurs camarades, accourt & se prosterne aux pieds de son bienfaiteur, dont

Emaï embraſſe auſſi les genoux, & lui baiſe les mains. Le Capitaine les relève avec bonté, & remet *Emaï* entre les mains de ſon époux, en lui recommandant d'en avoir le plus grand ſoin, & ſur-tout de ſe tenir ſur ſes gardes.

SCENE XIII.

Le Roi, accompagné de quelques Chefs, accourt au bruit qui s'eſt fait entendre. *Oki* & ſon épouſe l'inſtruiſent du ſervice ſignalé que le Capitaine vient de leur rendre. Ils embraſſent de nouveau ſes genoux, & lui témoignent la plus vive reconnoiſſance.

SCENE XIV.

Un Inſulaire, tout hors de lui, vient annoncer au Roi qu'*Etoé*, à la tête d'un parti conſidérable, s'approche pour les ſurprendre & les attaquer.

Le Capitaine dit au Roi qu'il n'a rien à craindre, & qu'il le garantira de ſes ennemis. A un ſignal qu'il donne, les Soldats de marine qui l'avoient accompagné, paroiſſent & reprennent le chemin du vaiſſeau, après que le Capitaine a de nouveau assuré le Roi qu'il lui fera remporter la victoire sur ses ennemis.

SCENE XV.

Le Roi se retire après avoir ordonné à ses Guerriers d'aller se préparer pour le combat.

SCENE XVI.

Tioé, à la tête de plusieurs Guerriers, & d'une troupe de Sauvages d'une Isle voisine, arrive à petit bruit, examine les environs, crainte d'être apperçu, & divise sa troupe en trois pelotons. Il leur fait prendre, à chacun, un chemin opposé, & leur indique leur poste, pour être en état de fondre sur l'ennemi lorsqu'il se présentera.

SCENE XVII.

Le Roi, à la tête des siens, paroît d'un côté, tandis que le Capitaine Cook, à la tête de ses Soldats de marine, paroît de l'autre. Les deux troupes se mêlent, forment une marche, se divisent & prennent chacun un poste différent.

SCENE XVIII.

Etoé & ses Compagnons marchent à la poursuite du Roi & de sa troupe, qui revient aussi-tôt sur ses pas & fait face à l'ennemi. Ils se regardent, se mesurent des yeux en se menaçant, & finissent par un combat, dont *Etoé* & sa troupe sortent victorieux : ces derniers se disposent à poursuivre l'ennemi.

SCENE XIX.

Les Anglois, commandés par leur Capitaine, les arrêtent sur-le-champ, & les forcent à reculer. Combat entre les Anglois & les Insulaires, dans lequel ces derniers sont contraints de prendre la fuite. Les Anglois les poursuivent.

SCENE XX.

Le Roi & ses Sujets qu'il a ralliés, reviennent à la charge & se disposent à aller au secours des Anglois.

SCENE XXI.

Les Anglois reviennent triomphants &

qu'il [illegible] le Roi qu'il lui fera remporter la victoire sur les ennemis.

SCENE XV.

[illegible] ordonner à ses [illegible] d'aller se préparer pour le combat.

SCENE XVI.

Pico, à la [illegible] d'une troupe de Sauvages d'une l'Isle voisine, [illegible] avec petit bruit, examine les environs, craint d'être apperçu, & divise sa troupe en trois pelotons. Il leur fait prendre, à chacun, un chemin opposé, & leur [illegible] pelle, pour [illegible] de fondre sur l'ennemi lorsqu'il se présentera.

SCENE [illegible].

Le [illegible] des Gens, paroît d'un côté, tandis que le Capitaine [illegible] parent de [illegible] Les deux troupes se mêlent, forment [illegible] marche, se divisent & prennent [illegible] postes différens.

SCENE XVIII.

Etoé & ses Compagnons marchent à la poursuite du Roi & de sa troupe, qui revient aussi-tôt sur ses pas & fait face à l'ennemi. Ils se regardent, se mesurent des yeux en se menaçant, & finissent par un combat, dont *Etoé* & sa troupe sortent victorieux : ces derniers se disposent à poursuivre l'ennemi.

SCENE XIX.

Les Anglois, commandés par leur Capitaine, les arrêtent sur-le-champ, & les forcent à reculer. Combat entre les Anglois & les Insulaires, dans lequel ces derniers sont contraints de prendre la suite. Les Anglois les poursuivent.

SCENE XX.

Le Roi & ses Sujets qu'il a ralliés, reviennent à la charge & se disposent à aller au secours des Anglois.

SCENE XXI.

Les Anglois reviennent triomphants &

conduiſent avec eux deux Inſulaires qu'ils ont faits priſonniers, dont l'un eſt *Etoé.*

Les Inſulaires témoignent leur joie de la victoire remportée par les Anglois. Le Roi, en particulier, en fait compliment au Capitaine, qui remet en ſon pouvoir les deux priſonniers, & reprend le chemin du vaiſſeau avec ſes troupes.

SCENE XXII.

Le Roi ordonne aux Guerriers d'éloigner les deux priſonniers, & de les repréſenter lorſqu'il en ſera tems. Ils obéiſſent.

SCENE XXIII.

A un ſignal que fait le Roi, les femmes des Inſulaires apportent du bois, dont elles forment deux bûchers; alors deux hommes plantent un poteau dans le milieu de la Scène.

SCENE XXIV.

Etoé & ſon Compagnon, tous deux chargés de liens, viennent en danſant & en faiſant des déſis à leurs ennemis, ſe rendre à l'endroit deſtiné pour leur ſupplice. Ils ſont conduits & gardés à vue par les Guerriers. Arrivés à leur destination, les femmes mettent le feu aux bûchers, les hommes s'asseyent & forment un cercle autour des prisonniers, & les femmes en forment un double autour des hommes.

Les deux prisonniers chantent en dansant leur chanson de mort ; ils bravent leurs ennemis, les défient de les faire souffrir autant qu'ils ont causé de tourments à leurs parents & à leurs amis.

Deux Insulaires s'approchent des prisonniers & les attachent fortement aux poteaux. Les hommes & les femmes se réjouissent d'avance du plaisir de manger leurs ennemis. Ils se lèvent tous ; se mettent à genoux, & s'asseyent sur leurs talons. Les deux Sauvages armés de couteaux & de casse-tête, se disposent à tourmenter les deux prisonniers.

Au moment où l'on s'est emparé d'eux pour les attacher au poteau, *Cook* a paru sur le pont du vaisseau, en témoignant combien il est indigné de l'action à laquelle il voit que les Sauvages se disposent ; après quoi il se retire.

SCENE XXV.

Deux coups de canon, partis du vaiſſeau, jettent l'épouvante parmi les Inſulaires, & leur font ſuſpendre l'exécution des deux priſonniers. Ils paroiſſent irréſolus ſur le parti qu'ils doivent prendre.

SCENE XXVI.

Tout-à-coup *Cook* paroît, & leur défend d'attenter à la vie des deux priſonniers ; il leur reproche leur cruauté, & tache de leur inſpirer tout le dégoût qu'ils devroient reſſentir pour de pareils feſtins.

Les Inſulaires paroiſſent touchés de ſes remontrances. Les armes leur tombent des mains.

Le Capitaine les engage à donner généreuſement la liberté à leurs ennemis. Ils y conſentent, & les délivrent avec une ſorte de ſatisfaction.

Un des deux priſonniers ſe proſterne aux genoux du Capitaine, & les tient long-tems embraſſés en ſigne de reconnoiſſance ; *il lui prend enſuite le pied qu'il poſe ſur ſa tête ;* mais le ſecond priſonnier, *Etoé*, toujours furieux, & [illegible] précipitamment aux yeux de l'assemblée, après avoir lancé un coup-d'œil terrible & menaçant sur son libérateur & sur ses camarades.

SCENE XXVII.

Le Roi ordonne aux Insulaires de se retirer. Les filles restent, & forment un demi-cercle dans le fond du théâtre. Le Roi dit au Capitaine *de choisir parmi elles celles qui lui plaisent le plus*. Le Capitaine le remercie de son offre, & oppose une résistance douce, mais décidée aux *instances pressantes des filles des Insulaires*.

SCENE XXVIII.

Etoe, un poignard à la main, paroit à travers les arbres & sans être apperçu. La présence du Roi l'empêche d'exécuter le dessein où il est d'assassiner le Capitaine; il se retire avec précaution, pour attendre un moment plus favorable.

SCENE XXIX.

Oti & sa femme accourent & avertissent le Capitaine de se tenir sur ses gardes.

SCENE XXX.

Quatre Matelots traversent le théâtre en fuyant ; ils sont suivis de près par une troupe de Guerriers du parti d'*Etoé* ; laquelle troupe est à son tour poursuivie de près par un détachement de Soldats de marine.

Les filles des Insulaires s'enfuyent ; le Roi sort pour rassembler ses troupes, & *Oki* ne veut point quitter le Capitaine.

Cook met le sabre à la main ; *Etoé*, à la tête de plusieurs Guerriers, fond impétueusement sur lui. Un Insulaire lui porte un coup de massue ; *Cook* le tue d'un coup de pistolet. On le presse de tous côtés ; le Capitaine oppose une résistance vigoureuse, désarme une partie des Guerriers, tandis que les autres prennent la fuite. Les Insulaires désarmés se jettent à genoux & lui demandent grâce. Le Capitaine se laisse fléchir & la leur accorde. *Etoé* revient sur ses pas, & saisit cet instant pour lui enfoncer son poignard dans le dos. Le Capitaine lui lâche un coup de pistolet, chancèle & tombe. Les Guerriers se relèvent & témoignent hautement leur joie.

SCENE XXXI.

Les Soldats de marine reviennent triomphans.

Des Infulaires veulent les attaquer, mais ils font prefqu'auffi-tôt mis en fuite. Avant la déroute, *Etoé* tombe mort; fes amis fe faififfent du cadavre, l'emportent précipitamment.

Le corps étendu du Capitaine frappe bientôt les regards des Soldats. Les Infulaires du parti des Anglois viennent fe mêler avec eux. Ils s'approchent du Capitaine, en donnant des marques du plus violent défefpoir. Après s'être bien affurés qu'il n'y a plus de reffource, ils fe difpofent à l'enlever.

Fin du troifième Acte.

ACTE IV.

La décoration est la même qu'au premier Acte ; au milieu est un Moraï (temple ou cimetière) ; dans le fond & sur le côté, une montagne brûlante.

SCENE PREMIERE.

La montagne qu'on apperçoit dans le lointain laisse d'abord échapper une épaisse fumée ; bientôt on en voit sortir des flammes, & enfin la lave qui se répand & coule le long de la montagne. Le bruit des explosions se fait entendre par intervalles.

Pendant ce temps deux Matelots, conduits par un Officier de Marine, apportent & fichent en terre un poteau où est attachée une plaque sur laquelle on lit : *Ci-gît le corps du Capitaine Cook, tué le 4 février 1779, par les naturels d'une isle nouvellement découverte dans les mers du Sud.*

SCENE II.

Marche funèbre. Les Soldats de marine,

les armes renverſées & précédés de deux tambours couverts d'un crêpe, font le tour du *Moraï*, au milieu duquel ils déposent le corps du Capitaine, posé sur un brancard, couvert d'un manteau & entouré de drapeaux.

SCENE III.

Les troupes rangées, & les Soldats commandés pour faire les trois décharges ſur la tombe du Capitaine, étant en place, les Inſulaires, hommes & femmes, s'approchent en ſilence pour voir la cérémonie.

On donne le ſignal, & la première décharge ſe fait. A ce bruit, tous les Inſulaires épouvantés s'enfuyent

SCENE IV.

On fait la ſeconde & troiſième décharge, après quoi les troupes défilent devant le *Moraï*, & ſe retirent dans le fond, rangées en haie.

SCENE V.

Oki & ſa femme, plongés dans la plus profonde triſteſſe, & les yeux baignés de larmes, s'approchent lentement & en silence du *Moraï*, qu'ils contemplent quelques instants avec une douleur concentrée. Ils lèvent les yeux & les mains au ciel, & vont s'asseoir aux deux côtés du *Moraï* en déplorant le sort de leur bienfaiteur.

SCENE VI.

Quatre Insulaires, *portant de longues perches auxquelles sont attachées des têtes sculptées d'hommes & de femmes, l'une au-dessus de l'autre, & toujours en diminuant de grosseur, font le tour du* Moraï, *& fichent leurs perches en terre aux quatre coins*; après quoi ils se retirent.

SCENE VII.

Les Insulaires, hommes & femmes, portant chacun un rameau de verdure, viennent en marche, précédés de deux Naturels portant de *longs tambours*, *sur lesquels ils frappent de loin en loin*; trois autres Insulaires portent des *bananes*, *des noix de coco*, & un *cochon roti*. La marche est fermée par le Roi, le Prêtre & le Pleureur.

Après avoir formé un demi-cercle, dont

les deux extrémités font occupées par les femmes, le Pleureur fe place dans le milieu.

A un fignal que fait le Prêtre, en levant les mains au ciel, & en tombant à genoux, les Infulaires vont deux à deux dépofer leur rameau de verdure autour du *Moraï*.

A un autre fignal que fait le Prêtre en fe relevant, toute l'affemblée, excepté le Pleureur, tombe à genoux & fe couvre les yeux avec les deux mains.

Ceux qui portent les *bananes*, les *noix de coco*, & le *cochon roti*, viennent enfuite fe placer derriere le *Pleureur*, qui les conduit à l'entrée du *Moraï*, où ils dépofent chacun leurs préfens; après quoi ils viennent reprendre leurs places.

A un fignal que donne le Prêtre, accompagné d'un coup de baguette fur les tambours, tous les Infulaires lèvent les bras en l'air, les baiffent & les relèvent ainfi jufqu'à trois fois; ce qui doit être indiqué par trois coups de baguette.

Le *Pleureur frappe la terre de fon bâton*, & ils s'accroupiffent; & fe tenant tous par la main, tournent, dans cette attitude, autour du *Moraï*, & forment, à la mode du pays, une danse vers la fin de laquelle les Anglois se disposent à faire le salut des armes, qu'ils exécutent au bruit de plusieurs coups de canon qui partent du vaisseau.

Fin du Quatrième & dernier Acte.

Lu & approuvé, le 11 Octobre 1788. SUARD.

Vu l'Approbation, permis d'imprimer, à Paris ce 11 Octobre 1788. DE CROSNE.

De l'Imprimerie de QUILLAU, rue du Fouarre. 1788.

www.ingramcontent.com/pod-product-compliance
Ingram Content Group UK Ltd.
Pitfield, Milton Keynes, MK11 3LW, UK
UKHW020951220726
13924UKWH00002B/627